L 27
3 12
23540

(Conserve la Couverture)

A LA MÉMOIRE DE VICTOR NOIR !!!

LA FIANCÉE
D'UN MARTYR

UN RÊVE

PAR A. DE SAINT-JUNIEN

BORDEAUX

IMPRIMERIE G. GOUNOUILHOU

RUE GUIRAUDE, 11

1870

A LA MÉMOIRE DE VICTOR NOIR !!!

LA

FIANCÉE D'UN MARTYR

Elle était si belle que je crus voir un ange.

Assise près de la fenêtre, grande ouverte devant elle, le regard perdu dans l'espace, une main sur son cœur, l'autre posée sur ses genoux, elle semblait être tout entière absorbée dans un doux rêve.

Par moment, le vent froid de la nuit venait soulever les boucles brunes de ses cheveux, qui flottaient sur ses épaules.

Bientôt je la vis se lever. Elle se pencha à la fenêtre, parut écouter; mais rien, que le bruit accoutumé de la rue, ne vint frapper son oreille.

Alors elle rentra, et s'approchant d'un lit qui occupait le fond de la chambre, elle sourît, et un rayon de bonheur vint éclairer son beau visage. '

Sur ce lit était déployée une longue robe blanche.

Et, d'une main agile, elle se dépouilla des vêtements qu'elle portait, et se plaçant devant une glace, elle vêtit la robe blanche, posa sur son front une fraîche guirlande de fleurs d'oranger, jeta sur sa tête un long voile de dentelle et sourit au miroir qui lui renvoyait son image.

Oh! comme elle était belle ainsi, la fiancée du martyr! Et pourquoi, ô mon Dieu! devais-tu de ce voile blanc qui la pare faire un linceul!

Cependant, de la rue s'élève un murmure qui va toujours en grandissant, et arrive aux oreilles de la jeune fille comme un sourd grondement d'orage.

Et bientôt à ce bruit succèdent des plaintes, des pleurs, des menaces, des cris de mort.

Troublée, inquiète, elle vole à la fenêtre. Mais, ô douleur! Elle a cru entendre un nom, un nom qui lui est cher!

Hâletante, une main sur son cœur, elle ose écouter encore.

Au tumulte a succédé un silence de mort : le

flot humain s'est arrêté; et, d'une voiture, on vient de descendre un jeune homme pâle, ensanglanté.

La jeune fille l'a reconnu! Pas un cri, pas une larme, pas une plainte n'est venue trahir sa douleur! Seulement, comme l'épi mûr qui s'incline sous la faux du moissonneur, elle est tombée!...

. . . .

Soudain la chambre s'emplit d'une clarté si vive que j'en fus comme ébloui; et j'entendis une voix qui disait : « Oh! jeune fille, quitte ces habits de fête, jette loin de toi cette couronne de fleurs. Tu n'es plus que la fiancée d'un mort; mais sois forte cependant, et relève ton front avec orgueil, ce mort est un martyr! un martyr de la plus noble, de la plus sainte des causes! »

La voix se tut, la lumière s'éteignit, et tout rentra dans le silence et dans l'obscurité.

Et dans l'ombre de la nuit, je vis des hommes, ou plutôt des ombres, marcher silencieusement, et chacune d'elles, en passant près de la jeune fille, toujours étendue sans vie, lui jetait des fleurs qui me parurent entièrement noires.

II

Soudain un chant de mort se fit entendre. Et sur ce même lit, où j'avais vu la blanche robe de l'épousée, j'aperçus, à la pâle lueur d'un cierge, un jeune homme étendu sans mouvement. Il était blanc comme un lis, et de ses lèvres entr'ouvertes ne s'échappait aucun souffle. Une de ses mains, encore gantée, pendait hors de la couche, et sur sa chemise blanche on voyait du sang.

Agenouillées près du lit, deux femmes pleuraient et priaient. Dans ce moment un homme entra, conduisant par la main un jeune enfant.

— Regarde, lui dit-il, en lui montrant le jeune homme.

L'enfant, étonné, dit, en touchant du doigt les taches de sang :

— Les méchants lui ont fait du mal!

Et une des femmes se leva, prit l'enfant dans ses bras et l'emporta hors de la chambre.

Le chant funèbre qui m'avait déjà si vivement impressionné se fit entendre de nouveau. Mais ces voix n'avaient rien d'humain, et ce n'étaient pas de ces chants de mort qu'on psalmodie dans nos temples.

Elles disaient :

« O toi! qu'une main homicide a lâchement frappé, repose en paix!

» Le soleil qui doit éclairer le jour de la vengeance se lève à l'horizon, et ce jour-là, martyr sacré, tu tressailleras de joie dans ta tombe.

» Repose en paix! Et du séjour où ton âme s'est envolée, regarde tes amis en deuil. Ils invoquent ton souvenir, et ils ont pris ton nom pour le mot de ralliement.

» Repose en paix! Sur ton corps encore chaud ils jurent de te venger, et sur ta tombe, le peuple-roi va déposer la palme du martyre et la couronne de l'immortalité! »

III

Des mains pieuses, une mère, une fiancée, une sœur, viennent d'ensevelir le mort.

Une foule immense, semblable aux flots de la mer en courroux, va, vient, se pousse, se presse, s'agite autour de la maison mortuaire.

Ce martyr de la liberté appartient au peuple. Il le réclame, il le veut. Et il est là, impatient, fiévreux. Cet enfant mort, c'est son enfant. Qu'on le lui rende. Cent mille bras s'ouvrent pour le recevoir!

On obéit au peuple.

Un cercueil, recouvert d'un drap blanc, paraît.

La foule, comme un seul homme, s'incline, s'écarte, et le convoi funèbre passe.

Alors le flot humain, contenu un moment, se précipite à sa suite.

Ce qui se passa, je ne puis le dire. Ce ne fut plus que cris, pleurs, gémissements. La foule, comme un fleuve débordé, grossissait toujours. Parfois on entendait une voix qui essayait de ramener le calme; mais la voix se perdait, et l'orage grondait plus fort!

IV

On était arrivé au champ du repos.

Le cercueil fut déposé dans sa demeure dernière, et sur lui tomba comme une avalanche de fleurs.

Puis, plusieurs voix s'élevèrent pour dire du mort les qualités, les vertus.

Oh! inutiles discours! Criez seulement :

Peuple, voilà encore un martyr!

V

C'est toujours la nuit.

Sur cette tombe, où le Peuple-Roi vient de déposer sa couronne, sont agenouillées deux femmes en deuil.

La plus âgée disait :

« O Vierge! qui vis ton Fils étendu sur la croix pour le salut des hommes, donne du courage à mon âme brisée! »

L'autre répondait :

« Dieu de l'espérance, Dieu vengeur du faible, jette un regard sur moi. Celui qui souffre et qui pleure a droit à ta pitié. En tes mains, Dieu puissant, je mets ma vengeance.

» Toi qu'on n'implore jamais en vain, Vierge céleste! prends pitié d'une mère en pleurs, reçois dans ton sein ce fils de son amour!

» Dieu juste, que sur cette tombe que j'arrose

de mes larmes, je reçoive ton serment de venger
ce martyr! »

Soudain le ciel s'éclaira, un ange se montra
dans la nue. Il tenait un glaive à la main, et sur
son front rayonnant, je lus ce mot écrit en lettres
de feu :

Vengeance!

A. DE SAINT-JUNIEN.

Bordeaux, le 16 janvier 1870.

Bordeaux, imp. G. Gounouilhou, rue Guiraude, 11.

www.ingramcontent.com/pod-product-compliance
Lightning Source LLC
Chambersburg PA
CBHW061207050726
47594CB00008B/3601